고슴도치

끌어안기

고슴도치 끌어안기

까칠한 사람과 살아가는 101가지 방법

숀 스미스 지음

김현진 · 송원경 옮김

지혜와 사랑

데비 조프 엘리스

　이 책은 더 없이 유용하게 쓰일 수 있는 도구입니다. 각 책장에 담긴 조언들은 사람들을 조화롭고 이해심있는, 그리고 더 나은 세계로 안내할 수 있는 힘을 가지고 있기 때문입니다.

　그게 어떻게 가능할까요?

　이 책은 자신의 태도와 감정뿐 아니라 행동까지도 스스로 창조해나갈 수 있는 힘이 인간에게 있음을 일깨워 줍니다. 우리가 마음만 먹는다면, 어려운 외적 상황 속에서도 내면의 평화를 유지하며 굳이 겪지 않아도 될 괴로움들을 미리 피할 수 있다는 것입니다.

만약 당신이 스스로를 비하하며 자기 비판적인 가시가 마음을 찌르도록 내버려 두고 있다면 이 책은 당신이 자신을 있는 그대로 받아들이는 것을 도와줄 수 있을 것입니다. 다른 사람들이 온갖 도발적이고 상처주는 말들로 찔러대는 통에 잔뜩 화가 나 있다면 이 책은 당신이 침착하게 안정을 되찾을 수 있도록 도와줄 것입니다. 만약 실수로 다른 사람들의 가시에 찔리게 된다 해도, 이 책 속의 각 문장에 담긴 지혜가 당신이 상처없이 가볍게 넘어가도록 도와줄 수 있을 것이라고 확신합니다.

'고슴도치 끌어안기'는 독자를 고려해서 만든 쉬운 방법들을 소개하며 일명 '고슴도치 성격'을 지닌 사람들을 어떻게 따뜻하게 품어주고, 동시에 그들이 가진 가시를 존중해 줄 수 있는지 보여줍니다. 더 나아가서는, 타인뿐만 아니라 자기 자신 또한 조건없이 사랑하는 방법도 더불어 배우게 될 겁니다.

심리학 발전의 선구자 알버트 엘리스 박사는 우리가

다른 사람들때문에 상처받는 건 우리가 상처받는 걸 허용했기 때문이라고 가르칩니다. 상처받고 아파하는 대신 우리는 이성적 사고와 차분한 마음으로 현명함, 친절함, 그리고 이해심을 가지고 행동하는 쪽을 선택할 수 있지요. 감정을 앞세워 처신하거나 상대방의 위험한 도발에 넘어가 무의식적으로 가시를 세우는 일이 없도록 스스로를 훈련시킬 수 있다는 겁니다. 설사 고슴도치형 성격을 지닌 사람이 이러한 접근법에 비협조적으로 나온다 해도, 상대를 포용하고자 하는 당신의 노력은 괜한 낭비가 되지 않을 것입니다. 친절함, 이해심, 그리고 무조건적인 허용을 타인에게 베풀 때마다 그 덕들은 우리 안에, 그리고 우리 스스로를 위해 쌓여가기 때문입니다.

'고슴도치 끌어안기'는 인생에 걸친 변화를 가능하게 할 것입니다. 이 책은 때와 장소를 가리지 않고 필요할 때마다 바로 집어들어 쉽고 즐겁게 읽고 실천할 수 있는 가이드 북이 되어줄 것입니다. 주기적으로 이 책을 읽고 실생활에 참고할 수 있다면 더할 나위 없는 도움이 되겠지요. 끈질긴 비관적 성향들도 이 기술들을 반복적으로 읽고 연습하면서 서서히 깎여 사라질 것이라고 믿어 마지 않습니다. 이 책에서 소개되는 원칙들을 반복해서 실천해보고, 다른 사람들과 함께 읽고 먼저 실천하는 모범을 보여주세요.

인생은 짧고 시간은 귀합니다. 다른 사람들을 공격하고 자신을 방어하며 분노와 두려움에 시간을 낭비하는 인생에는 후회 밖에 남지 않습니다. 다른 이들과 공감하며 그들을 이해하고 인내심, 동정심, 친절함을 베풀며 열린 마음으로 포용하기를 선택하여야 할 것입니다. 자신과 타인 사이에 조화를 이루어 내려는 노력이야말로 더 건강하고 온전한 세상을 만드는 데 기여할수 있는 길입니다.

이 책은 독자의 필요에 따라 마음을 상처로부터 보호하거나 빠르게 치유해 줄 수 있는 약처럼 사용될 수있겠지만, 그보다도 우선적으로, 감정적 그리고 정신적

건강과 행복을 위한 효과적인 도구가 될 수 있습니다. 이 책을 자신의 인생을 위해 최대한 사용한다면 안정감과 평화와 즐거움을 자신과 다른 사람들, 더 크게는 이 세상에 가져다 줄 수 있을 것입니다.

– 데비 조프 엘리스 박사
(REBT 엘버트 엘리스의 동역자)

주변을 둘러보면 아무리 해도 같이 지내기 어려운 사람들이 한 명씩은 꼭 있기 마련입니다. 우리는 직장, 집이나 친구들과 만나는 자리에서, 또는 하루를 보내는 동안 아무 생각없이 지나치는 장소들에서 그런 사람들을 마주치게 됩니다.

안타깝게도, 그런 고슴도치 인간들은 사라지지 않습니다.

이제 당신은 이러한 가시 돋친 성격의 사람들을 상대하는 방법에 대해 읽게 될 것입니다. 그 이전에 먼저, 이 방법들을 익혀두어야 하는 이유가 단지 고슴도치 인간들과의 만남이 피할 수 없는 일이기 때문이어서만이 아니라, 나와 다른 유형의 사람들과 지내는 방법을 배움으로써 스스로를 더 나은 방향으로 발전시킬 수 있기 때문이기도 하다는 것을 알아두도록 했으면 합니다.

세상을 살다보면 우리에게 도전을 걸어오는 사람도, 우리가 한 발짝 더 나아가게끔 하는 사람들도 있습니다. 그리고 어떤 이들은 우리가 더 나은 '인간'이 되도록 합니다.

- 앤드류 플라치, 출판자

　내 가까이에 있는 고슴도치는 나를 매우 힘들게 합니다. 그의 가시가 나를 찌를 때는 참 아픕니다. 고슴도치는 우리 주변에 늘 존재하지요. 저 태평양 옆의 숲에만 있는 것이 아니라 우리가 어디를 가든 그 고슴도치는 내 옆을 따라다닙니다. 그 고슴도치를 태평양에 던지는 것이 허락되지 않고 같이 살아가야 한다면 어떻게 할까요? 고슴도치를 극복하는 지혜로운 자로서 살아가기 위해서는 고슴도치의 특성에 대해 연구를 하고 견뎌보고 바라보고 수용하여 안아보기도 하는 접근이 필요합니다. 행복의 삶을 매일 선택하고 싶다면 차라리 고슴도치와 같이 살아가는 방안을 찾으십시요. 이 책이 바로 그 방안을 찾도록 도와줄 것입니다. 내 옆의 고슴도치와 나는 참 많이 다른 것처럼 보일 때가 있습니다. 그렇습니다. 그 고슴도치와 '나'란 존재는 참 다릅니다. 내가 독특한 것처럼 내 옆에 고슴도치는 참 독특하지요. 옳고 그른 것은 좀 더 천천히 판단을 하자. 먼저 그 독특한 성격의 소유자를 자세히 파악하는 것이 지혜롭습니다. 천천히 오랫동안 보는 것을 포기하지 말자. 요즘, 사람들의 마음을 터치하는 글 한편이 있습니다. *"자세히 보아야 예쁘다, 오래보아야 사랑스럽다 너도 그렇다"* (나태주, 풀꽃).

자세히 보아야 예쁜 이 땅의 존재들은 모두 사랑의 욕구, 애정의 욕구, 애착의 욕구가 있습니다. 자세히 보면 구부러진 것마다 구부러지게 자란 환경과 이유가 있습니다. 저 높은 바위 위에 구부러져 자란 소나무처럼 구부러져서 자랄 수 밖에 없는 성장환경이 있었던 것이지요. 자라지 못한 강아지처럼 성숙하게 성장하지 못한 사람들이 있습니다. 그들 속에서 아픈 상처로 굳어버린 내면의 야구공이나 돌덩어리가 자꾸 당신을 찌르는 가시로 변용되어 작용하기도 합니다.

건강하게 자라지 못한 그들은 당신이 도움이 필요한 존재들입니다. 그를 한 인간 존재로 바라보아주는 눈빛과 따스한 햇살과 같은 마음의 품이 그를 건강한 한 존재로 성숙하게 하고, 또한 당신의 자녀세대가 서로 이해하고 상대를 사랑하며 함께 살아가는 예술을 익히도록 도울 것입니다. 또한 당신 속에도 가시가 있다는 것을 지각하고 내 속의 가시는 언제 내 옆의 사람을 찌를 수 있는 지를 살펴볼 기회를 가져볼까요?

이 책에서 등장하는 동물을 소개합니다. 이 동물은 원저에서 porcupine이라고 하며, 한국어로 번역된 사전에 의하면, '호저(豪猪)'라고 불리는 동물에 해당합니다. 산미치광이 또는 아프리카포큐파인이라고 표현합니다. 몸과 꼬리의 윗면은 가시처럼 변화된 가시털로 덮여있으며 야행성입니다. 주로 열대지방에 분포하고 크기가 최대인 것은 몸길이 70-90센티미터나 됩니다. 가장 작은 것은 꼬리빼고 몸길이만 38-46센티미터에 달합니다. 호저는 고슴도치와는 다른 몇 가지 특성들을 가지고 있습니다. 예를 들어 고슴도치는 단순히 몸을 보호하기 위한 방어용으로 가시를 사용하는 반면, 호저의 가시는 공격의 역할도 가능하여, 상대의 몸에 가시끝에 있는 갈고리처럼 생긴 작은 돌기가 박히는 순간 살 속으로 아프게 파고드는 성질이 있고, 이 돌기 때문에 빼기가 쉽지 않으며, 가시에는 균이 있어서 가시에 박힌 동물에 감염을 일으키기도 합니다. 하지만 대부분의 아시아와 한국 사람들은 호저보다는 고슴도치를 '가시'와 연관된 동물로 더 쉽게 떠올릴 수 있을 것이라는 점을 고려하여 porcupine을 **고슴도치**로 번역하였습니다.

인터셋상에는 호저와 관련된 흥미로운 동영상과 기사가 실려있습니다. 동영상과 기사의 제목은 "17마리 사자와 홀로 싸우는 호저의 결투"입니다. 그 기사의 말미에 동영상을 촬영한 루시엔 버몬트의 글이 호저의 특징을 잘 말해주고 있어 인용합니다.

"호저는 사자가 지나치게 근접할 때마다(가시가 난 방향인) 뒤로 돌진했다. 이건 위협을 받은 호저들의 일반적인 방어법이다. 사람들이 생각하는 것과 달리 호저는 가시로 포식자를 먼저 공격하지는 않는다. 대신 호저의 가시에는 미세한 갈고리가 달려있고, 갈고리가 포식자의 몸이나 얼굴에 걸리면 호저의 몸에서 가시가 쑥 빠져나간다. 그러면 포식자는 자기 몸에 달린 고통스러운 가시를 알아서 제거해야 한다."

차례

PART
01

고슴도치의 본성과 그 정체

"인생의 가장 큰 행복은 자신이 사랑받고 있다는 확신이다—
내가 나 자신이기 때문에, 혹은 더 정확히 말하자면, 내 모습
이대로도 사랑받고 있다는 느낌을 갖는 것이다."

–빅토르 휴고

왜 고슴도치인가

지난 역사를 살펴보면, 세계 곳곳의 문화들에서 사람들의 특징적인 성격을 동물에 빗대어 나타내는 것을 어렵지 않게 찾아 볼 수 있습니다. 예를 들어 아메리카 인디언 전통에 따르면, 부족의 일원으로 태어난 사람은 반드시 자기 안에 깃들어 있는 동물의 영혼을 알아내기 위한 주술적인 의식을 거쳐야 합니다. 그 의식을 거친 사람은 "앉아있는 황소"나 "작은 거북이"와 같이 자신의 동물의 이름을 딴 본명을 가지게 되는 것이지요. 마찬가지로 동아시아 전통에서는 해마다 열 두 마리 동물들을 정해 놓은 '십이지'를 사용하여, 사람의 성격이 그가 태어난 해에 해당하는 동물의 특징을 통해 나타난다고 믿습니다. 이솝우화에서 나오는 동물들은 인간의 갖가지 특징적인 행동들을 대변하며, 그 동물들이 처하게 되는 곤경들을 통해 인간본성에 대한 가르침들을 배우게 됩니다. 오늘날에도 "나귀처럼 멍청하다", "고양이처럼 얌전하다", "여우같이 약삭빠르다"와 같은 표현을 대화 속에서 흔히들 사용하곤 하지요.

동물들에 관련된 이러한 표현들은 사실과 일치하지 않을 수 도 있습니다. 하지만 동물과 인간의 행동을 연관짓는 행위 자체에서 자신과 타인을 이해하고자 하는 인간의 노력을 엿볼 수 있지요. 이 책은 독자가 특히 다가가기 어렵고 까다로운 부류의 사람들을 이해하고 그들과 협력하는 것을 돕고자 합니다. 앞으로 이 부류의 사람들을 고슴도치에 비유해 설명하고자 합니다.

왜 하필이면 고슴도치(porcupine)인가?

이 질문에 답하기 위해서는 고슴도치들의 실제 습성과 행동들을 살펴 볼 필요가 있습니다.

자연 속의 고슴도치

고슴도치(호저)는 쥐과에 속하며 가시 형태로 변화된 뾰족한 털들을 외투처럼 몸에 두르고 있는 동물입니다. 고슴도치 한 마리의 외피에는 최대 3만개에 이르는 가시털들이 단단히 박혀있지요. 지구 상에 존재하는 고슴도치의 종류는 약 27종에 이르며, 크게 구대륙 (유럽, 아시아, 그리고 아프리카)과 신대륙 (미국과 호주)에 서식하는 종류 두 가지로 나눕니다. 고슴도치의 조상뻘인 동물은 약 3천만년 전에 출현했다고 알려져 있습니다. 구대륙의 고슴도치들은 주로 지상에 서식하지만 신대륙의 고슴도치들은 나무타기라면 사족을 못 쓰는 녀석들이죠. 몇몇 종류의 고슴도치들은 나무껍질, 뿌리, 과일, 잔디, 그리고 덩이줄기들뿐만 아니라 작은 파충류나 곤충들까지도 먹는 잡식성이지만, 대부분의 고슴도치들은 엄격한 채식 식단을 지키는 초식동물입니다. 무리와 함께 생활하는 다른 초식동물들과는 달리, 고슴도치는 가시 덕분에 무리의 도움없이도 육식동물로부터 스스로를 보호할 수 있기 때문에 주로 혼자서 독립적으로 생활합니다.

오늘날까지도 남아있는 고슴도치에 관련된 오해들 중 하나는 옛 그리스 철학자 아리스토텔레스의 시대에도 있었던 오래된 전설으로부터 전해져 내려오는 것입니다. 그 전설의 내용과는 달리 고슴도치들은 가시를 던지거나 발사할 수 없으며[1], 독을 품고 있지도 않습니다. 굳이 따지자면 고슴도치(호저)라는 이름부터가 부적절한 명칭이라고 할 수 있겠지요. 고슴도치를 뜻하는 영단어 porcupine은 라틴어 *porcus*(돼지)와 *spina*(가시)의 조합에서 유래하는데, 말 그대로 옮기자면 "가시 돋친 돼지"라는 뜻입니다. 그러나 고슴도치는 돼지과에 속해있지도 않을 뿐더러, 가시도 사실 털이 변화된 것이죠 (사실 고슴도치는 돼지보다는 비버와 서식지, 먹이, 그리고 성향 면에서 훨씬 더 유사합니다).

---

1 기원전 350년 경에 쓰여진 저서 '동물들의 역사 τῶν περὶ τὰ ζῷα ἱστοριῶν'에서 아리스토텔레스는 적을 향해 털을 발사할 수 있는 동물들 중 하나로 고슴도치(porcupine, 호저)를 예로 든다.

어린 고슴도치들은 부드럽고 유연한 털을 가지고 태어나는 데, 이 털들은 태어난 후 몇 시간 내로 굳어져 단단한 방어무기로 변화합니다.

고슴도치가 겁에 질렸을 때

고슴도치는 위협을 느끼면 가시 뿌리에 있는 작은 근육들을 수축시켜 가시들을 세워서 몸집이 실제보다 커 보이도록 만듭니다. 그 뿐 아니라 가시를 흔들고 으

르렁거리는 소리를 내며 발을 구르는데, 이는 모두 적을 겁주려는 노력의 일환이지요. 만약 이러고도 적이 물러나지 않는다면 고슴도치는 등을 돌리고 꼬리를 세우며 방어적으로 몸을 웅크려, 적을 꼬리로 후려치거나 자신을 공격한 상대에게 몸을 던지는 식으로 뒤쪽을 향해 공격합니다. 이런 공격을 받은 상대에게는 적어도 한 움큼은 되는 가시들이 고통스럽게 박히게 됩니다. 시간이 지나면 가시들은 적의 피부 속으로 파고들어가 감염까지 초래할 수 있습니다.

하지만 그다지 먹음직스러워 보이지 않는 위협적인 가시들과 상당히 진보된 방어기술을 갖추고 있음에도 불구하고, 덩치 큰 육식 동물들에게 고슴도치는 한 입 거리에 지나지 않습니다. 예를 들어 고슴도치의 천적인 미국 담비들은 고슴도치를 뒤집어서 드러난 보드라운 배를 공략하면 가시들에 찔리지 않고도 잡아먹을 수 있다는 사실을 알아내고 말았지요.

고슴도치형 인간들은 어떤 사람들인가

대부분의 고슴도치형 인간들은 보통 사람들과 거의 구별할 수 없지만, 누군가의 공격이나 예상치 못한 위기에 반응할 때 그 차이는 확연히 드러납니다. 그들이 고슴도치들처럼 가시를 곤두세우고 몸을 부풀려 상대를 겁주려는 태도를 취하는 건 바로 그런 상황들이 닥쳤을 때이죠.

안타깝지만 고슴도치형 인간의 방어적 행동은 언제나 한 박자 늦을 수 밖에 없습니다. 즉, 고슴도치형 인간은 상대가 자신의 사적 문제에 이미 발을 들여놓은 후에야 자신의 고슴도치적인 성향을 드러낸다는 것입니다. 상대가 상황을 파악했을 즈음에는 고슴도치는 이미 방어 태세에 돌입해 있는 셈이지요. 자신도 모르는 사이 고슴도치형 인간의 영역을 침범하게 되었을 때, 어떻게 해야 실수를 무마해 상황을 수습하고 나중에 또 충돌을 일으키지 않도록 미리 대처할 수 있을까요?

고슴도치형 성격에 대해 더 배우고 그에 맞춰 자신의 태도를 조율하는 것이 그 첫 걸음이 될 것입니다.

PART
02

고슴도치를 이해하기 위한
기본 학습

우리는 타인을 사랑할 때 행복해진다.
행복이란 그만큼 단순하면서도 어려운 것이다.

−마이클 루닉

이제부터 말하게 될 내용은 고슴도치형 인간을 마주쳤을 때 단순히 살아남기만 하는 게 아니라 그 만남을 통해 자신을 더 발전시킬 수 있도록 해 줄 자세한 기술들입니다. 고슴도치형 인간과 언제 어디서 만나든, 그게 처음 만나는 사람이건 오랫동안 알고 지내던 지인이건 상관없이, 그 어떤 상황에서도 믿고 따를 수 있는 전략을 바로 꺼내 사용할 수 있게끔 해 둔다면 큰 도움이 되겠지요. 상대를 제대로 파악하고 적당한 태도로 대응할 수 있는 만반의 준비가 되어 있다면, 최악의 상황에서도 최선의 결과를 이끌어낼 수 있을 겁니다. 충분한 연습만 거치면 그런 최악의 상황까지 치닫는 걸 아예 사전에 방지할 수도 있겠죠. 이제 그 어떤 가시돋친 고슴도치라도 유머있고 지혜롭게, 그리고 현실적으로 다루는 방법을 소개하고자 합니다.

고슴도치의 경고를 읽어내자

대다수 고슴도치형 인간들의 '가시'는 '말'입니다. 주로 큰 목소리로 공격적이고 사나운 말투를 사용하지요. 이러한 경고 신호들을 미리 파악하는 법을 터득해 두고, 고슴도치가 사나워질 기미가 보일 때 미리 한 발 앞서 고슴도치와 일정한 거리를 두도록 하세요.

가시는 넣어두자

고슴도치의 방어적인 태도는 감기처럼 옮는 성질이 있어서, 고슴도치를 상대하다 보면 대부분 자신도 모르는 사이 똑같은 방어태세를 취하게 됩니다. 방어하고 싶은 욕구를 자제하세요. 고슴도치가 두려워하는 것이 무엇인지 이해하고자 하는 건 고슴도치와 한 판 싸움을 벌인다는 게 절대 아닙니다.

🦔 그러니 일단 한 걸음 뒤로 물러서서 깊게 심호흡을 3~5회하고 다시 한번 시도해보세요. 나도 상대를 향해 똑같이 가시를 곤두세워주고 싶다는 충동에 지지 마세요.

고슴도치의 경계선을 존중해주자

고슴도치의 공격은 궁지에 몰려 겁에 질린 동물이 위험한 적을 저지하기 위해 택하는 최후의 선택이라는 걸 언제나 기억하도록 합니다. 대부분의 공격은 두려움에서 비롯된 것이므로, 상호간의 관계에서 적당한 거리를 유지하며 경계선을 존중해준다면 고슴도치가 마구 화를 내며 공격할 일도 없을 겁니다.

고슴도치가 실제로 필요로 하는 것과
두려워하는 것을 생각해보자

고슴도치 새끼들이 그렇듯, 고슴도치형 인간도 처음부터 딱딱한 가시를 가지고 태어난 게 아니라는 걸 기억해야 합니다. 그 동안 겪어온 아픈 경험들, 두려움, 그리고 좋지 않게 끝난 관계에 대한 기억 등의 후천적 요인들 때문에 마음에 갑옷을 두르고 가시를 날카롭게 세우게 된 것이지요.

고슴도치형 인간의 가시는 과거에 생긴 상처의 결과물이며 그 사람의 자아의 일부를 이루고 있는 것이지, 나를 상처입히기 위해 있는 것이 아니라는 것을 명심해야 합니다. 이러한 사고방식을 가진다면 고슴도치형 인간과의 관계를 다지고 성공적으로 다가가기 위해 필요한 이해심을 가질 수 있을 겁니다.

약점을 찾아내자!

제 아무리 고슴도치라고 해도 약점은 있기 마련이죠? 바로 아랫배입니다. 세심한 관심과 신중한 전략만 준비되어 있다면 고슴도치형 인간의 감정적 '약점'을 찾아내는 건 불가능하지 않습니다. 언제나 그를 미소짓게 하고 기분 좋게 만들어 주는 주제가 있다면 그 것이 바로 그의 약점입니다. 고슴도치가 열정을 가지고 있는 분야, 좋아하는 취미, 또는 사랑하는 사람과의 일화 등이 될 수 있겠지요.

고슴도치를 즐겁게 해 주는 주제가 무엇인지 파악하고 그 주제를 대화 속에서 언급해보세요. 고슴도치는 자기가 특별하다고 느끼고 다른 누군가가 자신의 삶에 진심으로 관심을 가지고 있다는 것을 인식하게 될 겁니다.

공감해주자

까다로운 사람을 사랑하기 위해서는 상당한 이해심이 필요합니다. 시간을 내어 스스로에게 질문해보는 것도 나쁘지 않겠죠: **이 사람은 지금 무엇을 느끼고 있는가?** 저 가시들에 둘러싸여 있는 게 나였다면 나는 어떤 기분이 들까? 나같은 사람을 상대하는 건 어떤 느낌일까? 고슴도치를 사랑해주고 그에게 책임감있는 자세를 보여주는 건 성숙한 정서능력과 유연한 공감력[2]을 필요로 합니다.

---

2 번역자 주. 정서중심코칭과 정서중심치료의 관점에서 보면, 상대방의 생각과 감정을 고려하는 것에서부터 사건에 대한 이해와 상대를 이해하려는 사려깊은 유연한 접근을 말하는 것이다.

관심을 가져주자

고슴도치에게 관심을 가져주세요… 아주 많이! 만약 고슴도치가 시끄러운 음악이나 매운 음식을 좋아하지 않는다는 걸 미리 알고 있다면 굳이 그런 걸 권해서 고슴도치의 화를 돋울 필요는 없겠지요. 갈등을 피하려는 노력은 때로 기대 이상의 차이를 만들 수 있습니다.

고슴도치가 좋아하는 것이 뭔지 파악하자

　모두들 자신이 특별하다고 느끼고 싶어하죠. 고슴도치 역시 예외가 아닙니다. 직장에서 피곤한 하루를 보낸 고슴도치가 집에 돌아왔을 때 와인 한 잔을 음미하며 쉬는 걸 좋아한다는 것을 알고 있다면, 퇴근 시간에 맞춰 미리 와인을 준비해보는 것도 괜찮지 않을까요? 고슴도치가 일요일 오후에 아무런 방해도 받지 않고 축구 경기를 보는 걸 좋아한다면? 그 시간만은 충분히 즐길 수 있도록 고슴도치에게 텔레비전을 양보해줄 수 있겠지요.

　고슴도치가 필요로 하는 게 무엇인지 미리 생각해둔다면 반은 이긴 셈입니다. 관심을 가지고 있다는 걸 보여주는 것만큼 빨리 고슴도치를 무장해제 시킬 수 있는 방법은 없으니까요.

내가 좋아하는 것과 싫어하는 것
역시 분명하게 말해두자

고슴도치를 사랑하는 과정은 쌍방통행, 즉, 고슴도치와 나 두 사람 모두에게 있어서 함께 배우고 깨달아가는 소통과 상생의 과정입니다. 이러한 과정 속에서는 고슴도치뿐만이 아니라 스스로에게도 관심을 기울여야 하죠. 사랑하는 사람들에게 내가 원하는 바를 확실히 전달할 책임은 바로 나 자신에게 있다는 것을 잊지 맙시다. 그들 역시 그들이 원하는 바를 내게 말로 표현해주어야 할 책임이 있는 것처럼 말이죠. (번역자의 수다: 자기가 좋아하는 것을 좋다고 말할 수 있고 자기가 싫어하는 것을 싫다고 말할 수 있는 것이 건강한 자기감을 갖고 있는 인간입니다. 호불호를 때를 따라서 유연하게 강하게 사용할 수 있는 사람은 이미 건강한 성격을 소유하고 있는 것입니다.)

고슴도치의 눈높이에 맞춰서 말하자

자기방어적인 사람을 다루는 가장 좋은 방법은 무엇 때문에 가시를 세우게 되었는지를 스스로 말하도록 유도하는 것입니다. 대화를 시작할 때 먼저 나의 경우, 주로 무엇 때문에 가시를 세우게 되는지를 털어놓으면 효과적입니다. 고슴도치가 쉽게 공감할 수 있는 말로 소통함으로써 내가 고슴도치가 겪고 있는 상황과 스트레스를 이해하고 있다는 것을 보여줄 수 있기 때문이죠.

고슴도치와 공유하자

때로는 자신의 약점을 드러내는 것이 제일 좋은 방어술이 될 수 있습니다. 나의 걱정과 두려움을 인정하는 모습을 보여준다면, 고슴도치는 나 또한 약점을 가지고 있음을 알고 함께 소통하기 위해 더 쉽게 마음의 문을 열어 줄 것입니다.

🐾 내 약점을 솔직하게 드러냄으로써 고슴도치도 안심하고 자신이 지닌 약점을 내게 보여주도록 하는 것이지요.

안전거리를 유지하자

　고슴도치를 상대할 준비가 되어 있지 않다는 것을 알면서도 무작정 돌진하는 행동은 자제하도록 합니다 (손을 대지 않으면 가시에 다칠 일도 없다는 것을 명심하도록)! 마음의 준비가 될 때까지 혹은 고슴도치가 조금 진정될 때까지는 되도록 고슴도치의 가시에 정면으로 부딪히지 않는 법을 터득해야 합니다.

너무 마음에 두지 말자

　　고슴도치가 나 때문에 기분이 상해 있는 것처럼 보인다 해도, 어쩌다 내가 건드린 것일 뿐 근본적인 원인은 내가 아닌 다른 것인 경우가 대부분입니다. 고슴도치가 공격적이 되는 건 그 근본적인 원인을 알기 위해 스스로 노력하고 있는 중이기 때문이라는 걸 이해한다면, 모두를 위해 도움이 되는 해결책을 찾아내려는 의욕이 더 생기지 않을까요?

낯선 고슴도치들은 피하자

단 한 마리의 고슴도치라 할지라도 감당하기에 벅찬 상대가 될 수 있습니다. 자신과 가까운 사이인 고슴도치를 이해하기 위해 애쓰고 있는 동안에는 잘 알지 못하는 다른 고슴도치들은 되도록 피하는 것이 좋습니다. 가까운 고슴도치를 위해 써야 할 에너지가 남아나지 않을 테니까요.

첫번째 단계는 **낯선 고슴도치들과의 만남을 되도록 피하는 것**입니다. 만약 기습공격에 당했다면 (꽉 막힌 도로에서 화를 내는 운전자들이나 불친절한 가게 점원 등), 그들이 부리는 짜증은 무시하도록 합니다. **제일 가까이 있는 고슴도치를 위해 에너지를 아끼세요.**

공격은 친절로 되받아치자

고슴도치들은 위협을 느꼈을 때 공격을 합니다. 그러니 이러한 방어적 공격을 피하려면 작은 친절을 베풀어주면 되겠지요. 따뜻한 말을 건네주거나 너그러운 태도로 관심을 표현해 주는 것은 고슴도치의 불안함을 진정시키는 효과를 가지고 있습니다.

일단 상대가 위험한 존재가 아니라는 것을 알게 되면 고슴도치는 한껏 곤두세우고 있던 가시를 다시 내리게 됩니다. 곧 서로 간의 관계에 다시 평화가 찾아오게 되지요.

고슴도치의 이름을 불러주자

누구나 한 번쯤은 다른 사람이 자신의 이름을 친근하게 부르는 소리에 불안감이 사라졌던 경험이 있을 겁니다. 고슴도치에게 부드러운 어조로 다 잘 될 것이라고, 이름을 불러 다독여주는 것도 좋은 방법입니다.

미리 계획하자

　살면서 겪는 거의 모든 일에 해당하는 말이지만, 미리 준비해두는 건 여러모로 도움이 되기 마련입니다. 서로 마찰을 일으킬 기미가 보일 때 상대 고슴도치를 어떻게 다룰지 생각해보고 그 계획에 충실하세요. 어떻게 풀어나가야 할지 미리 알고 있다면, 자신도 모르게 고슴도치와 똑같이 대응하는 것을 막을 수 있을 겁니다.

고슴도치 끌어안기 – 까칠한 사람과 살아가는 101가지 방법–

화내지 말자

참는 자에게 복이 있다고들 하지요. 인내심뿐만 아니라 타인에 대한 이해심도 대인 관계에서 좋은 결과를 가져다 주는 중요한 요소라고 할 수 있습니다. 고슴도치를 잘 상대하기 위해서는 인내심과 이해심이 많이 필요합니다. 그 어떤 상황에서라도 화를 내고 싶은 유혹을 참고 서로 간의 마찰이나 딜레마를 인내심과 이해심으로 풀어가도록 하세요.

짜증내지 말자

자신의 개인적인 문제를 고슴도치와의 실랑이에 끌어들이지 않도록 하세요. 끌어들이는 순간부터 짜증이 치밀게 되고, 짜증이 난다는 건 고슴도치의 꼬임에 넘어간다는 것을 의미합니다. 자제심을 잃고 상대 고슴도치와 똑같이 행동하게 되는 건 시간문제이지요.

🦔 그러니 심호흡을 한 번 크게 하고 다시 균형을 되찾아야 합니다. 상대가 실컷 진상을 부리도록 내버려두어도 괜찮습니다. 당신은 침착함과 지혜로 무장하고 있으니까요.

얼굴에 철판을 깔자—그리고 냉철해지자!

맨 얼굴로 고슴도치를 마주한다면 고슴도치의 신경질적인 가시를 하나 하나 다 느껴야 할 것입니다. 고슴도치가 하는 말에 민감하게 반응하는 대신 얼굴에 철판을 깔고 대응하세요. 감정에 휩쓸려 충동적으로 반응하는 대신, 거북이처럼 천천히 행동해 보는 겁니다. 상대 고슴도치가 짧은 시간 동안 자기 에너지를 다 소진해버리게 되면, 그 후에는 당신이 우위를 점할 수 있게 됩니다. 느리고 끈질긴 사람이 경주에서 이기는 법이니까요.

컨트롤을 잃지 말자

고슴도치와 대면하는 동안 내가 가지고 있는 스트레스나 고민들, 나쁜 습관들은 나와 고슴도치 사이의 관계가 어떻게 흘러갈지를 판가름 합니다. 앞에서도 말했듯이 쌍방향으로 이루어지는 이 관계에서, 나는 주의 깊은 협상가의 역할을 맡아야 합니다. 내가 어떻게 행동하고 말하고 반응하는가에 따라, 심지어는 어떻게 미소짓는가에 따라 결과가 바뀌게 되죠. 그 어떤 일이 있더라도, 자제력을 잃고 감정에 휩쓸리지 않도록 해야 합니다.

멈춰!

고슴도치와 잔뜩 화가 난 상태로 전화통화를 하고 있다고 합시다. 나도 상대 고슴도치도 마음에도 없는 말을 내뱉고 있어요. 이 상황에서는 어떻게 해야 할까요?

일단 멈춤!

맨 정신으로 황소 앞에서 빨간 천을 흔들며 춤을 출 사람이 있을까요? 식인 물고기들이 득실대는 바다에서 수영을 할 사람은? 단 한 명도 없을 겁니다. 마찬가지로, 내가 고슴도치와 굳이 정면으로 충돌해야 할 이유가 있을까요? 고슴도치가 가시를 부르르 떨며 다가오고 있다면 일단 한 발 물러나는 편이 현명합니다.

🦔 잠시 멈추고 쉬어갈 시간을 가지세요. 다시 대화를 이어가기 전에, 상황이 진정될 때까지 기다려야 합니다.

조언을 구하자

　까다로운 사람이나 지나치게 자기방어에 급급한 사람을 다루는 데 가장 도움이 되는 건 주변의 다른 사람들입니다. 친구들, 직장 동료들, 또는 이웃들에게서 조언을 구해보세요. 그들도 살면서 각자 한 번쯤은 고슴도치형 성격을 가진 사람을 만난 적이 있었을 겁니다. 다른 사람들과 이야기를 나누다 보면 마음의 짐도 덜고 새로운 대책들을 생각해볼 수 있는 기회도 가질 수 있을 것입니다.

고슴도치가 맘껏 떠들도록 내버려 두자

　누구나 한 번쯤은 억눌린 화를 풀어야 합니다. 필요하다면 고슴도치가 마음껏 고함지르고 화내도록 내버려 두어도 됩니다. 고슴도치가 마음 속 응어리를 속 시원히 풀도록 도와주는 건 변화를 위한 첫 걸음이 될 수 있지요. 감정을 표현하려고 할 때마다 걸림돌에 가로막히기 때문에 고슴도치가 날카롭게 구는 것일 수도 있으니까요. 감정적 언어를 이해하지도 못하면서 다른 사람과 대화해야 하는 것은 무서운 일입니다. 그러니 상대 고슴도치가 마음에 쌓인 것들을 털어버리고 감정적 언어를 배워나갈 수 있도록 도와주세요.

🦔 고슴도치를 도와줄 수 있는 건 바로 당신이라는 것을 기억하세요. 사랑과 관심을 주는 것은 고슴도치에게 안정을 되찾아 줄 수 있는 결정적인 첫 걸음입니다.

고슴도치에게 시간을 주자

    고슴도치의 욕구와 두려움은 생각보다 더 깊숙히 뿌리내리고 있기 때문에, 그 감정들을 표현하도록 유도하고 해결해나가는 과정에는 많은 시간을 들여야 할 수밖에 없습니다. 너무 급할 필요 없습니다. 시간은 필요한 만큼 충분히 들이세요. 당신의 인내심 있는 모습에 고슴도치는 안심하게 될 겁니다.

먼저 고슴도치의 기분에 맞추어 준 후
문제를 해결하자

　사람들이 지나치게 자주 저지르는 실수는 행동의 동기보다 행동 그 자체에 집중하는 것입니다. 제일 관심이 필요한 것은 그 행동의 이면에 숨겨진 동기인데도 말이지요.

　고슴도치를 대할 때에는 어떤 동기가 그의 행동을 유발했는지를 먼저 고려해야 합니다. 고슴도치가 행동하기 전에 뭔가를 두려워하고 있는 것처럼 보이지는 않았나요? 만약 그랬다면 무엇을 두려워하고 있었나요? 이러한 질문들에 대해 생각해본다면, 이 다음에는 어떻게 해야 고슴도치의 두려움을 줄여줄 수 있을지 어느 정도 감이 잡힐 것입니다.

고슴도치의 방어태세는 감정적인 반응(*emotional reaction*)입니다. 즉, 감정을 진정시킨다면 반응 또한 진정시킬 수 있다는 것이지요.[3]

---

3 번역자 주. 표출된 감정을 진정시킬 수 있는 기술은 정서중심코칭과 정서중심치료에 의하면, 미러링과 공감적 반영, 수용의 기술이다.

고슴도치가 안전하다고
느끼도록 해주자

고슴도치가 가시를 내리게끔 하는 가장 좋은 방법은 내가 믿을 만한 사람이라는 것을 보여주는 것입니다. 고슴도치와 열린 마음으로 진솔하게, 그리고 서로를 이해해가며 소통하세요. 이러한 대화를 통해 고슴도치는 화를 내야 할 대상은 당신이 아니며, 근본적인 문제는 다른 곳에 있다는 사실을 깨달을 수 있을 겁니다.

🐾 나와 함께 있을 때는 안심해도 된다는 것을 고슴도치에게 일깨워주세요.

구체적으로 의사를 전달해주자

사람들은 흔히 다른 사람의 행동을 일반화하는 오류를 저지릅니다 (예를 들어, "너는 언제나 늦어!" 또는 "너는 무슨 생각을 하고있는지 한번도 제대로 말해준 적이 없어." 등). 이는 무엇이 핵심인지를 보지 못하고 있기 때문이지요. 고슴도치를 대할 때 지나치게 추상적이고 애매한 말들을 피한다면, 고슴도치가 안고 있는 문제들을 더 쉽게 함께 해결할 수 있을 것입니다. 좀 더 구체적인 말들로 대화하세요. 먼저 '고슴도치의 어떤 행동이 나를 불편하게 만들었나?'라고 스스로에게 질문해 볼 수 있겠죠. 고슴도치의 잘잘못을 비난조로 일일히 나열하는 것만 아니라면, 예시를 들어 왜 그의 행동들이 나를 아프게 했는지 설명해보는 것도 좋습니다.

이런 상황에서라면 고슴도치는 자신을 변호해야 할 필요를 느끼게 될 겁니다. 그렇지만 고슴도치의 이런 저런 행동들 때문에 내 기분이 어땠는지를 확실하고 분명하게 말해주는 것만으로도 고슴도치에게 곱씹어 볼 거리를 충분히 던져주는 셈이 아닐까요? 명확한 표현을 사용하면 고슴도치가 과한 반응을 일으키지 않도록 그의 행동에 제동을 걸 수 있습니다.

생각하고 타협하자!

고습도치와 마음과 마음으로 대화를 나누기 위해서는 내 쪽에서도 감정적인 노력이 필요합니다. 이는 바람직한 현상입니다. 한 사람만 헌신적으로 노력해야 하는 관계는 진정한 인간 관계라고 할 수 없으니까요. 진정한 인간 관계를 만들기 위해서는 좋든 싫든 어느 정도의 타협이 필요하게 됩니다. 경우에 따라 이 타협이라는 건 스스로의 행동에 변화를 주어야 한다는 뜻일 수 있지요. 이를 수용하고 실천함으로써 고습도치에게 나는 약속을 잘 지킬 수 있는 사람이며, 상호 간의 관계에서 50퍼센트의 책임을 충실하게 지고 있다는 것을 보여줄 수 있습니다.

추측하지 말고 물어보자

두려움과 공포증은 보는 사람의 관점의 차이일 뿐입니다. 그러니 고슴도치가 이해할 수 없는 행동을 한다고 해서, 그 의도에 대한 성급한 추측 만을 바탕으로 대화하는 실수를 저지르지 말도록 합시다. 그 대신에 고슴도치가 자신의 행동을 스스로 설명하도록 해주세요. 당신이 호기심을 갖고 접근한다면 상대는 방어적인 태도를 누그러뜨리고 내가 알지 못했던 사실들을 말해줄 수 있을지 모릅니다.

탓하지 말자

'당신 때문이야,'라는 말보다 빠르게 상대를 고슴도치로 변신시킬 수 있는 말도 없지요. 남을 탓하는 것은 상대에게 책임을 전적으로 떠넘겨 이해하고 타협할 기회를 없애버리기 때문입니다. 고슴도치에게 '원망'은 '믿음'이나 '소통'과는 정반대의 의미를 지니기 때문에, 누군가가 자신을 탓하는 상황은 고슴도치가 제일 두려워하는 것들 중 하나입니다.

고슴도치를 마주하는 동안에는 그를 탓하려고 하지 마세요. 그러기 위해서는 '네가' 또는 '너의'라는 말이 들어가는 어투를 쓰지 않도록 해야 합니다 ('네가 이렇게 했잖아' 등). 그런 어투를 듣는 순간 고슴도치는 당장에 자기방어태세로 들어갈 것입니다.

🦔 고슴도치의 행동이 나에게 어떤 영향을 미치는 지에 대해 명료하게 설명하되, 내 감정을 풍부하게 표현하도록 하세요. 고슴도치를 탓하거나 옳고 그름을 따지려 들지 마세요.

이기려고 하지 말자

인간 관계에서 승자와 패자라는 건 없습니다. 고슴도치와 대화를 나눌 때에도 마찬가지입니다. 이기려고 할수록 질 확률은 높아지지요.

고슴도치와의 관계에 '승리'가 아예 존재하지 않는다는 뜻은 아닙니다. 소통을 통해 변화를 만들어내려는 의지를 북돋아 주고 진실성과 상대를 수용하고자 하는 태도를 이끌어내는 대화는 언제나 양 쪽 모두에게 윈-윈이 되는 대화입니다. 어찌되었건, 고슴도치와는 이미 한 배를 탄 것이니까요.

행동은 미워하되 고슴도치는
미워하지 말자

고슴도치형 인간에게 접근하려는 사람은 충분한 마음의 준비가 되어 있어야 합니다. 이때 꼭 준비해 두어야 할 것은 고슴도치와 그의 행동을 분명히 구분 짓고자 하는 마음 자세입니다. 행동이 사람의 모든 것을 나타내 주는 건 아니니까요.

혹여 고슴도치가 하는 행동에는 찬성할 수 없다 하더라도, 고슴도치를 사랑해야 하는 이유를 잊어선 안 됩니다. 고슴도치의 행동에 상처받거나 반대하게 되더라도, 다른 무엇보다도 먼저 그 사람 자체를 생각해야 합니다. 상대의 행동들 때문에 실망을 맛볼지라도, 상대를 소중히 여기고 존중해주어야 하는 것이지요.

🦔 서로 주고 받는 모든 대화 속에서 고슴도치가 자신이 사랑과 존중을 받고 있다는 것을 알 수 있도록 해주세요.

조종당하지 말자

궁지에 몰리게 되면 누구나 자신을 필사적으로 변호하며 다른 이를 탓하고 거짓말하거나 화제를 바꾸보려 애쓰게 되지요. 유감스럽게도 이러한 특성은 인간의 본성이고, 고슴도치에게서는 더욱 빈번하게 나타납니다. 고슴도치형 성격을 가진 사람을 다룰 때에는 어릴 적 놀이터에서나 경험하던, 유치하기 짝이 없는 심리적 공격들을 예상하고 있어야 하죠. "내가 이상하다고? 그러는 너는 뭔데 그래?" (이러한 밑도 끝도 없는 논쟁은 아이들이 서로 욕을 하며 '반사!' 라고 되받아치는 것과 다르게 없습니다). 이런 식의 공격이 시작되면, 되받아치고 싶은 욕구가 일더라도 마음을 단단히 먹고 참으세요. 고슴도치가 비효율적인 대화에 나를 끌어들이지 못하게 해야 합니다. 고슴도치 식의 대화는 근본적인 질문을 피하기만 하려는 겁쟁이들의 기술이며, 아무 해결책도 제시해주지 못합니다.

맞대응하기보다 차분함과 평정을 유지하세요.

모범을 보이자

고슴도치를 다룰 때에는 나 자신부터가 모범을 보여야 합니다. 자기 방어적인 태도를 피해야 할 뿐 아니라, 내가 고슴도치에게 바라는 만큼 나부터 열심히 소통하고 이해심 깊고 너그러운 마음을 가지려는 시도를 해야하는 것이죠.

먼저 모범을 보임으로써 내가 두 사람 모두를 위한 변화를 만들기 위해 노력하고 있다는 것을 고슴도치에게 알려줄 수 있습니다.

생각하자, 소크라테스처럼

　　그리스 철학자 소크라테스의 이름을 따서 '소크라테스식 교육법'이라고 불리는 교육은 일방적으로 가르치기보다 학생에게 질문을 던져주는 것을 더 중요시하는 교육법입니다. 알맞은 질문만 던져준다면 고슴도치가 상대방의 입장을 이해하도록 이끌어줄 수 있습니다. 마치 고슴도치 혼자 만의 힘으로 이해하게 된 것처럼 말입니다.

　　고슴도치에게 그의 행동이나 대응이 얼마나 잘못됐는지 설교를 늘어놓기보다 고슴도치 자신의 생각은 어땠는지에 대해 물어보세요. "이런 일을 했을 때 어떤 감정이었나요?" 또는 "이런 일이 일어났을 때 어땠나요?"와 같은 질문들은 내가 고슴도치에게 관심을 쏟고 있다는 것을 일깨워 줄 수 있습니다 (고슴도치들은 관

심을 좋아하지요). 뿐만 아니라 내 입장만을 고집하지
않고 고슴도치의 관점도 고려해줌으로써 고슴도치가
마음을 열도록 도와줄 수 있습니다. 이러한 대화법을
통해 어느 새 고슴도치의 성격의 숨겨진 단면들이 하나
둘 드러나게 될 것입니다.[4]

---

4 번역자 주. 고슴도치가 자기의 숨겨진 성격의 한 면을 볼수 있도록 도와
주는 질문중에 하나는, 어떤 때 이런 일을 하게 되나요?

내가 될 수 있는 한
최대한 좋은 사람이 되자

지금까지 이야기 한 바와 같이, 고슴도치형 인간을 상대하는 것은 최대한의 노력을 요합니다. 참을성을 가지고 친절하게 사랑을 주어야 합니다. 베풀 줄 알아야 하고, 이해하며 공감할 줄도 알아야 하지요. 한 마디로 고슴도치를 사랑하기 위해서는 될 수 있는 한 최상의 나 자신이 되어야 합니다.

무시하지 말자

　나에게 다른 사람이 옳다 그르다 따질 권한은 없습니다. 고슴도치의 두려움, 불안, 그리고 고민들을 함부로 묵살할 권리 또한 없습니다. 만약 고슴도치가 자신의 행동에 영향을 줄 정도로 큰 두려움과 불안감을 느끼고 있다면 그 감정들은 충분히 존중받아야 하고 함께이야기 해 보아야 할 충분한 가치가 있습니다.

요구하지 말자

내가 어떤 상황을 해결해 나가는 방식이 고슴도치에게는 적합하지 못한 방식이 될 수도 있다는 사실을 받아들여야 합니다. 다시 말해, '함께 나눈다'(we're sharing)라는 말과 고슴도치에게 함께 나눌 것을 강요(demanding)하는 것을 헷갈리지 않도록 해야 합니다. 내 눈에 해결책이 훤히 보인다 할지라도 그 방식이 고슴도치에게 맞지 않는 방식이라면 강요하지 말아야 합니다.

🌑 진짜 중요한 것은 고슴도치에게 제일 좋은 방법이 무엇이냐는 겁니다. 고슴도치에게 맞지 않는 방식들을 제외시키는 것은 고슴도치와 성공적으로 소통하는 방법을 찾아내기 위해 꼭 거쳐야 하는 과정입니다.

방해하지 말자

다른 사람이 말할 때 끼여드는 건 자신의 권력을 과시하는 행동입니다. 자기가 말하고자 하는 것이 다른 사람이 할 말보다 중요하다는 생각을 나타내기 때문이지요. 고슴도치를 상대할 때 이러한 행동은 사려깊지 못할 뿐 아니라 위험하기까지 할 수 있습니다.

고슴도치가 말하도록 내버려 두세요. 예의바르게 처신하고 내가 말할 차례가 돌아올 때까지 말을 삼가도록 합니다.

대화하고, 대화하고 또 대화하자 …

고습도치에게 말할 기회를 주고 질문들을 던져 계속 말하도록 이끌어주어야 합니다. 말하는 동안 고습도치는 열심히 생각하고 다양한 감정들을 느끼느라 방어태세를 갖출 겨를이 없을 겁니다. 고습도치가 말하는 데서 얻을 수 있는 더 큰 장점이라면 무엇이 고습도치를 화나게 하는 지에 대한 힌트를 건질 수 있다는 것입니다. 이 단서는 고습도치에게 한 걸음 더 다가가는 데에 유용하게 쓰일 수 있습니다.

책임을 받아들이고 사과하자

미안하다고 사과하는 행동은 믿음직스럽지 못 할 수 있습니다. 따지고 보면 '죄송합니다'라는 말에는 그 어떤 약속도 담겨있지 않으니까요. 사과에 빠져서는 안 될 요소는 바로 책임입니다. 즉, 나 자신이 한 말이나 행동을 이해하고 있으며, 그 것이 잘못된 것이었음을 인정한다는 걸 상대에게 먼저 보여주어야 비로소 마음에 와닿을 수 있는 사과를 할 수 있는 것이지요. 내가 짊어져야 할 결과가 뒤따라 올지도 모르지만, 진정성 있는 사과야말로 앞으로 나아갈 수 있는 유일한 길입니다.

원하는 바를 분명히 말해두자.

내가 애초에 선을 그어 두지 않았다면 상대 고습도
치가 '넘지 말아야 할 선을 넘었다'고 탓할 수도 없는
일이겠지요. 내가 필요로 하는 것이 무엇인지, 또는 내
한계가 어디까지인지를 분명히 밝혀두지 않으면 고습
도치가 그 것을 존중해줄 수 있을리가 없습니다. 첫 걸
음은 내가 디뎌야 하는 겁니다: 어디까지가 나의 한계
인지를 분명히 밝히세요.

내가 옳아야 한다는
쓸데없는 욕심은 버리자

그 누구도 언제나 옳은 결정만을 내릴 수는 없습니다. 사실, 대부분의 사람들은 옳은 선택보다 옳지 못한 선택을 할 때가 더 많지요. 무수히 많은 허점에도 불구하고, 사람들은 '난 다 제대로 하고 있어'라고 주변 사람들에게 말할 때 큰 자부심을 느낍니다. 게다가 그걸로 만족하지 못하고 '문제는 내가 아니라 다른 사람들에게 있어'라고 이야기하며 자신의 완벽성을 주장하지요.

이런 자기방어적인 사고는 고슴도치와 만났을 때 최악의 상황을 만들어 내는 재료가 됩니다. 누구에게나 각자 개선하고 바꿔나가야 할 단점들과 극복해야 할 나쁜 습관들이 충분히 있다는 것을 기억해야 하겠습니다.

🐾 겸손함을 유지하도록 하세요. 언제나 옳아야 한다는 강박증적인 생각은 아무 도움도 되지 못합니다.

좋은 동료가 되자

혼자가 아님을 알게 해주는 것이야말로 고슴도치에게 줄 수 있는 제일 좋은 선물입니다. 고슴도치가 힘든 일을 마주하고 있거나 예상치 못한 장벽에 가로막혀 있다면, 당신이 언제나 곁에서 도와줄 거라는 걸 알게 하세요. 힘든 장애물들도 안심하고 헤쳐나갈 수 있을 뿐만 아니라 당신과의 유대감도 강화될 것입니다.

🌑 나와 고슴도치는 한 배를 타고 있다는 사실을 기억하세요.

고슴도치들이 서식하는 곳

"나는 언제나 사람이 가지고 있는 제일 좋은 면을 보려고
한다. 그러는 편이 훨씬 편하기 때문이다."

-러디어드 키플링

지금까지 고슴도치를 사랑하기 위한 대략적인 전략들을 살펴보았다면 이제는 더 자세한 내용들을 알아볼 차례입니다. 고슴도치의 행동 양상은 주변 환경에 따라 바뀝니다. 예를 들자면, 직장에서 고슴도치를 상대하는 방식은 집에서 고슴도치와 함께 지내는 방법과 매우 다르겠지요.

이어지는 내용에서는 다양한 장소에서의 고슴도치들을 위한 맞춤형 전략들을 소개하려고 합니다.

직장에서의 고슴도치들

월요일부터 금요일까지, 대부분의 사람들은 가족들과 친구들보다도 직장동료들과 더 오랜 시간을 함께 지냅니다. 오래 지내는 만큼 직장생활에서는 흥미로운 일들을 많이 경험할 수 있지만 … 한편으론 분통 터지는 일도 그 이상으로 자주 일어나기 마련이지요.

왜 그럴까요? 바로 직장동료나 상사 중 고슴도치형 인간이 한 명도 없는 직장이란 건 현실적으로 거의 존재하지 않기 때문입니다. 직장에서 볼 수 있는 고슴도치 중에는 흔히 소리지르는 상사들, 만성적인 불평쟁이들, 대화 한마디 하려고 하지 않는 동료들이나 그 어떤 상황에서도 긍정적인 면을 보지 못하는 염세주의자들

등이 있겠지요. 직장의 고슴도치가 나를 매 시간 힘들고 우울하게 하면 어떻게 해야 할까요? 좋든 싫든 함께 일해야만 하는 고슴도치를 어떻게 상대해야만 하는 걸까요?

　포기하지 마세요. 고슴도치들과 같이 일해야 할지라도 직장을 더 살맛나고 즐거운 공간으로 만들 수 있는 방법은 언제나 존재하니까요.

단호해지자

사소한 의견 차이도 큰 싸움으로 번지도록 만드는 것이 고슴도치의 본성이죠. 대부분의 경우, 말다툼은 고슴도치가 자신의 견해를 끝까지 관철시켜야 할 필요를 느낄 때 일어납니다. 그러니 고슴도치가 자기 방어에 급급해한다면 이는 곧 약점을 찔렸다는 신호라고 추론해볼 수 있지요. 다시 말해, 충분히 검토되어야 할 필요가 있는 직장 문제를 내가 건드렸다는 뜻입니다.

다음에 또 상사가 소리지르고 가시를 세운다면, 물러서지 마세요. 당신이 가지고 있는 불만이나 걱정이 타당한 것이라면, 회사 사람들에게 그 문제를 환기시키는 건 당신의 권리일 뿐 아니라 당신의 의무입니다. 상사나 동료의 언성이 얼마나 커지든, 자신이 옳다고 생각한다면 강경하게 밀고 나가야 합니다.

⑴⑴⑴⑴

… 그렇다고 고집부리지는 말자

    단호하게 나가되 고집 부리지는 말아야 한다는 것을 잊지 말아야 합니다. 진정한 단호함은 나의 모든 타협적 기술을 이용하여 고슴도치의 철벽같은 방어를 뚫고, 나 자신 뿐만이 아닌 모든 사람을 위한 해결책을 찾아내는 것입니다. 다양한 해결책들을 수용하고자 하는 자세를 지니고 있고, 끈기있고 당당한 사람이라면 고슴도치와의 만남에서 살아남을 수 있을 뿐만 아니라 고슴도치와 직장 동료들에게 다른 사람을 배려하는 최고의 모범을 보여줄 수 있을 것입니다.

좋은 질문을 던지자 …

좋은 질문이란 무엇일까요? 작은 문제를 언급했을 뿐인데도 상사가 불같이 화를 낸다면, 마감기한 등의 더 큰 문제가 얽혀 있기 때문일지도 모릅니다. 사소한 일들은 옆으로 제쳐두고 통찰력있는 질문을 던져 문제의 핵심을 간파하세요. "기한 때문에 많이 스트레스 받으시는 것 같아요. 저도 그래요. 다시 원래 스케줄에 맞추려면 제가 어떻게 해야 할까요?"라고 물어보는 건 어떤가요?

🦔 직접적인 질문은 고슴도치가 불안감의 근원을 직시하도록 함으로써, 나와 고슴도치 모두 앞으로 더 나아갈 수 있도록 도움을 줍니다.

…그리고 주제에서 벗어나지 말자

고슴도치형 성격을 가진 사람의 천성 상, 질문을 하면 방어적이고 비난조의 대답만이 되돌아 올지도 모릅니다. 단호함을 유지하는 것을 기억하고 스스로를 변호하고 싶은 욕구를 참으세요. 고슴도치에게 되받아치는 대신 새로운 질문을 던진다면 내가 그를 탓하거나 잘잘못을 끄집어내려고 하는 게 아니라 돕고 싶어한다는 게 확실히 보일 것입니다. 웬만한 상사라면 이 점을 눈치채고 바로 물러나겠지요.

사려깊게 제기한 좋은 질문은 좋은 해결책으로 이끌어줍니다.

듣자

　주의깊게 들어주는 것 만으로도 당신은 고슴도치의 잠재적 적에서 동맹군으로 거듭날 수 있습니다. 주의깊게 들어주는 것 만으로도 당신은 신뢰를 받는 존재가 될 수 있습니다. 주의깊게 들어주는 것 만으로도 당신은 고슴도치가 골칫거리로 여기는 존재가 아니라 해결책을 제시할 수 있는 존재가 됩니다.

고슴도치의 눈을 통해 보자

고슴도치의 불안감의 뒷면에는 타당한 이유가 깔려 있는 경우가 대부분입니다. 이때 역시 공감력이 제일 좋은 해결책이 되지요. 다소 어렵더라도, 내가 고슴도치의 입장이라면 어떻게 느꼈을지 상상해 보고 그 느낌을 고슴도치에게 이야기해보세요. 자신이 혼자가 아니라는 것을 이해하면, 고슴도치의 방어태세는 어느 정도 누그러질 것입니다.

지지해주자

　직장과 산업현장은 살벌한 경쟁공간입니다. 그런 환경 속에서라면 그 어떤 고슴도치라도 최악의 모습을 보여주게 되기 마련이지요. 질책과 자기변호의 반복적인 패턴을 피하세요. 그 대신 이해심, 단호함, 그리고 세심함을 이용하여 직장 내 경쟁적인 분위기를 완화시켜보도록 합니다. 이는 경쟁보다 더 가치있는 행위를 추구하는 최고의 방법이며 새롭고 더 보람있는 공생관계를 만들어가는 방법이기도 합니다.

일 이외의 다른 공통 관심사를 찾아보자

　군이 기념일 행사, 단합체육대회나 회사 야유회를 하는 데에는 그럴 만한 이유가 있습니다. 그런 이벤트가 직원들이 서로를 만나고 알아가는 데에 도움이 되기 때문이지요. 만약 회사에 특별 이벤트가 없다면 직접 계획을 세워보는 건 어떨까요? 함께 스포츠 경기를 보러간다던가, 주변 공원에서 휴식을 갖는다던가, 업무가 끝난 금요일 저녁 같이 영화를 보러가거나 커피를 마시러 가는 것도 괜찮습니다. 아마 다른 동료들과 겹치는 관심사가 의외로 꽤 많다는 것을 알게 될 겁니다. 비격식적인 자리에서 이러한 점들을 발견하고 나누는 것은 미래의 더 성공적이고 효율적인 만남을 위한 길을 다지는 기회가 되고, 협동에 필요한 믿음을 쌓아가는 계기가 될 것입니다.

● 대인관계를 다질 수 있는 관심사들은 갈등을 해결할 때에도 유용하게 쓰입니다. 직장동료들을 더 잘 알아가기 위해 노력하세요.

협상하자

협상은 일종의 예술입니다. 진정한 의미에서의 협상을 이뤄내기 위해서는, 상반된 양 측이 서로가 필요로 하는 것과 요구들을 이해하고, 감정적으로 나서지 않으면서 그 사안의 사실에 집중해야만 합니다. 이는 고슴도치들을 상대하는 방법이기도 하지요.

고슴도치와 한번 협상을 해보는 건 어떨까요.

틀렸을 때에는 잘못을
인정할 만큼 강해지자

잘못을 인정하는 것(admitting fault)은 단순히 사과하는 것(apologizing)과는 다른, 필수적이고 건강한 정서적 행동입니다. 자신의 행동에 책임을 지는 것은 고슴도치가 배우고 따라 할 수 있는 본보기를 세우는 것이기도 하지요. 잘못을 인정하는 데에 부끄럼이 없다면 다른 이의 비난을 두려워할 이유도 없을 것이고, 그렇게만 된다면 고슴도치가 나와 함께 있을 때 편안함을 느낄 수 있도록 해줄 수 있겠지요.

가정에서의 고슴도치들
PORCUPINES AT HOME

가정생활은 사회를 구성하는 벽돌과 같은, 제일 기본적인 소통의 장입니다. 가정은 개인이 자라며 발전해 나가는 데 필요한 도구들을 제공해줄 수도 있고, 반대로 불안정한 환경이나 해로운 습관 등으로 발목을 잡을 수도 있지요. 인간이 자신이 누구이고 다른 사람들을 어떻게 상대해야 하는지를 배우는 건 바로 가족 간 유대관계를 통해서입니다.

따라서 가정생활이야말로 고슴도치들을 상대하는 법을 배우는 시작점이라고 할 수 있습니다. 살면서 누구에게나 이해할 수 없는 배우자나 문제투성이 아이들, 또는 투덜거리는 부모들을 상대해야만 하는 때가 오기 마련이지만, 어떻게 그 순간들을 맞이하는지가 삶의 질을 결정하겠죠.

여기 몇 가지 조언들을 소개해봅니다.

고슴도치 배우자
YOUR PORCUPINE SPOUSE

　　고슴도치형 성격을 지닌 배우자와 사는 것은 특히나 더 어려울 수 있습니다. 배우자와는 단순히 같이 살고 삶을 나누는 것 뿐만이 아니라, 서로의 마음 속에도 살기 때문이지요. 그렇기 때문에 사랑하는 사람의 가시는 다른 사람들의 것보다도 훨씬 더 아플 수 밖에 없습니다. 배우자의 가시가 낸 상처들은 내 안에 내재된 고슴도치 성격을 깨워 똑같이 방어적으로 대응하도록 부추길 뿐만 아니라 장기적으로도 서로 간의 관계에 많은 피해를 줍니다. 다행스럽게도, 준비성과 인내심만 뒷받쳐 준다면 스스로를 보호할 수 있을 뿐 아니라 고슴도치와 함께하는 인생이 다시 즐거워질 수 있도록 해

줄 해결책을 찾아낼 수 있습니다.

이 부분에서는 배우자의 가시돋친 성질을 잘 상대하면서도 그 사람을 있는 그대로 사랑할 수 있는 방법들을 소개하려고 합니다. 이 팁들을 잘 활용하면 남편 또는 아내 고슴도치와 더 가까운 관계를 맺을 수 있을 뿐아니라, 더 이상 당신을 경계하며 가시를 세울 필요가 없도록 해 줄 수 있을 것입니다.

문제를 재조명하자

고슴도치형 성격의 사람들을 상대하는 방법들이 공통적으로 지시하는 바는 이성적인 대응입니다. 고슴도치의 자기방어는 감정적이고 비이성적인 사고에 의한 것입니다. 상황을 객관적이고 냉정하게 재조명하면 고슴도치의 감정적 대응을 타당화 해줄 근거는 무너지게 됩니다.

🐾 고슴도치가 불안해 하는 이유를 침착하고 이성적으로 분석해보면, 고슴도치의 심술궂은 고집을 꺾기가 훨씬 더 수월해지지요.

고슴도치를 사랑하기 위해서는
먼저 자기 자신을 사랑해야 한다

자기 자신 내면의 고슴도치를 마주하면 삶에서 만나는 다른 고슴도치들을 더 쉽게 상대할 수 있습니다. 그 이유는 무엇일까요?

먼저, 자신의 고슴도치 성향을 마주하는 것은 감정 근육을 단련하는 데 도움이 됩니다. 큰 경기를 앞두고 집중 훈련을 하는 것과 마찬가지 원리지요.

두번째, 이해심을 더 발달시킬 수 있습니다. 자신의 두려움을 마주하고 나면 취약점을 인정하는 것이 고슴도치에게 얼마나 어려운 일인지 공감할 수 있게 됩니다. 그 만큼 고슴도치를 위해 인내심있게 기다려 줄 수 있게 되지요.

세번째, 내가 모범이 되어 고슴도치를 이끌어 줄 수 있게 됩니다. 당신이 보여주는 용기와 확신은 삶에서 만나는 다른 고슴도치들에게 좋은 영감이 될 것입니다.

의견이 다르다는 것

　"싸우다" 보다 "의견이 다르다"라는 표현을 쓰도록 하세요. "싸움"이라는 단어는 언제 끝날 지 알 수 없는, 끊임없는 말들의 전쟁을 의미합니다. 반면 "의견이 다르다"는 표현은 다시 같아질 수 도 있다는 뜻을 내포하므로, 단어의 정의 자체에 해결 가능성이 담겨 있다고 볼 수 있습니다. "의견이 다르다"라는 말은 다시는 돌이킬 수 없는 불화가 아닌 궁극적인 의견일치를 위한 일시적 단계 또는 디딤돌이 될 수 있다는 어감을 주지요.

불리한 수를 두지 말자

해결책을 향해 함께 노력하세요. 그러기 위해서는 차분하고 이성적인 대화가 필요합니다. 지금 함께 이야기하고자 하는 주제에 초점을 맞추고 모든 감정적 반응은 분리해내 문제의 핵심에 접근하도록 하세요. 상대를 탓하거나 울거나 꼬드기려고 하거나 죄책감을 불러일으키는 등의 불리한 수를 두지 말고 오로지 협력하는 것에만 집중해야 합니다.

대화시간은 신중하게 정하자

싸우는 도중에 대화를 시도하는 건 무리일 수 있습니다. 대신 가족회의나 일대일로 대화 할 시간을 미리 정해놓고, 침착하고 공감하는 어조로 고슴도치에게 무엇이 괴로운지를 물어보세요.

경고 드리지만 고슴도치는 본성부터가 자기방어적인 동물이기에, 상대방 역시 스스로를 변호하며 말도 안 되는 비난을 쏟아 부을 것이라고 예상하고 있을 겁니다. 그 기대에 부응해주지 않는 것이 중요합니다. 고슴도치의 손에서 놀아나고 싶은 유혹을 피하고, 부드러운 어조를 유지하며 문제가 무엇인지 말하도록 계속 리드하세요.

장담컨대, 일단 문제의 본질을 파악한다면 그다지

어렵지 않게 해결책을 찾을 수 있을 것입니다.

● 여유있게 소통하기 위해서는 최적의 대화시간을 신중
하게 고르는 것이 중요합니다.

대안들을 제시하자

어느 정도 이야기 해 본 결과, 고슴도치에게 혼자만의 시간이 좀 필요하다는 결론에 다다랐다고 합시다. 이제 두 사람 모두를 위한 해결책을 찾아내야 할 때입니다.

고슴도치가 "혼자만의 시간"을 즐기는 동시에 주변에 도움도 되고 가사일에 참여할 수도 있는 방안을 생각해보는 것도 좋겠지요. 예를 들어 아이들이 잠든 후 설거지를 하거나, 충분히 휴식을 취한 후 개를 산책시키는 등의 방식이라면 고슴도치는 혼자만의 시간을 충분히 확보하면서도 가정을 돌볼 수 있을 것입니다.

협동하자

계획을 세운 후에는 반드시 실천하도록 합니다.

고슴도치가 마음을 열고 감정들을 털어놓았다면, 이제 내가 함께 힘을 합칠 파트너라는 사실을 고슴도치에게 확인시켜 줄 필요가 있습니다. 내가 새롭게 바뀐 고슴도치의 행동을 응원하고 있으며 그 변화에 고마워하고 있음을 알도록, 신중하게 같이 협력해보도록 합니다. 이를 보여줄 제일 좋은 방법은 실천이겠지요.

 혼자가 아니라 다같이 일할 수 있는 계획을 세워보세요.

끈질기고 한결같이

작심삼일의 결심만큼 사람을 혼란스럽게 하는 것도 없습니다. 꾸준하고 한결같은 사람이 되도록 노력하세요. 다이어트, 이집트의 피라미드, 그리고 건전한 인간관계 이 세가지에 하나의 공통점이 있다면 그 것은 완성하기까지 긴 시간이 걸린다는 것입니다.

롤모델이 되자

다른 가족들에게 뿐만 아니라 고슴도치에게도 좋은 모범이 되어주도록 합니다. 인간 관계에 대해 개방적인 마음으로 이야기하려는 자세와 자신의 행동에 대한 비판을 기꺼이 받아들이려는 태도를 보여준다면, 고슴도치가 불편한 상황들을 어떻게 해결해야 하는지 배우는 데 한 몫 할 것입니다.

참자

　가끔은 나 혼자서만 애쓰고 있는 것처럼 보일지도 모르지만, 고슴도치 또한 언제나 지켜보고 있다는 것을 기억하세요. 인내심과 이해심을 실천하고 고슴도치를 응원해 줌으로써 사랑을 표현해주어야 합니다. 고슴도치에게 가시를 세우지 않아도 된다는 것을 가르쳐주는 것은 바로 사랑이기 때문이지요.

🔅 막 포기하려고 할 때쯤, 고슴도치는 놀라운 변화를 보여 줄 것입니다.

같이 놀아보자

　지루한 일상 속에서 지쳐가고 있다고 해서 손 놓고 있지 마세요. 재미있는 활동을 찾아 함께 해보는 건 끝도 없이 계속되는 일상의 패턴을 깨뜨리는 제일 빠른 방법입니다. 가족 여행이 될 수도 있고, 이웃과 저녁에 어울려 놀거나 영화관 또는 야외에서 하는 삼겹살 파티가 될 수 도 있겠지요. 일상의 단조로움에서 벗어난 고슴도치는 너무 즐거운 나머지 가시를 세우며 다른 사람을 경계하는 것 따위는 까맣게 잊어버릴지도 모릅니다.

인생의 소소한 아름다움을 만끽하자

　스트레스가 심해질 때에는 소소한 일들을 즐길 시간을 갖는 것이 그 어떤 때보다도 중요합니다. 걱정에만 싸여 있다면 그 누구라도 고슴도치로 변하기 마련이므로, 하루 몇 분씩이라도 고민들을 제쳐두고 작고 단순한 것들을 즐겨보는 게 좋습니다. 이런 휴식은 고슴도치를 상대하기 위한 에너지를 충분히 쌓기 위해서도 꼭 필요합니다.

유머감각을 잃지 말자

절대로 유머를 발휘할 수 없을 것만 같은 심각한 상황들도 존재합니다만, 그렇다고 해서 험악한 분위기 속에서 주눅들지는 마세요. 고슴도치가 생각만큼 쉽게 변하지 않는다고 분통을 터뜨리는 대신, 그 상황에서 웃음을 줄 만한 것은 무엇일지 궁리해보면 어떨까요? … 인간은 본디 호기심 많은 동물이니까요.

소리지르는 대신 웃자

다툼이 일어날 기운이 감돌 때에는 서로에게 심한 말을 쓰는 것을 최대한 자제해야 합니다. 앞에서 언급 했던 것처럼, 목소리를 높이는 행위는 두려움에 질렸을 때 나오는 행동입니다. 이에 반해 웃음은 당당함, 확신 과 생기로 가득 차 있지요.

🐾 그러니 단지 재미를 위해서라도 웃음을 줄 만한 일을 시도해보도록 하세요. 그 웃음이 두 사람 모두에게 필 요하던 한 줄기 신선한 바람이 되어줄지도 모릅니다.

"사랑은 끝없는 용서의 행위이고, 습관이 되어버린
다정한 눈빛이다."

−피터 유스티노프

돌발상황이 생긴다면
대화시간을 재조정하자

타이밍이 안 좋다면 (일 때문에 피곤하거나, 아이가 보채고 있거나, 국이 끓어넘치고 있거나 하는 등의 돌발상황이 발생할 수 있으니까요), 계획했던 대화를 융통성있게 다음으로 미뤄야만 합니다. 그 동안 당신과 고슴도치는 각자 흥분을 가라앉히고 어디서 의견이 충돌했는지 돌아볼 기회를 가질 수 있을 것입니다. 분위기에 맞지 않는데도 억지로 대화를 이끌어 나갈 필요는 없지요. 물론, 될 수 있는 대로 가까운 시일 내에 두 사람 모두에게 편리한 시간을 잡아 대화할 수 있는 시간을 마련하는 편이 좋습니다.

고슴도치 자녀

　요즘 아이들은 자신의 정체성과 가치관을 채 파악하기도 전에 문자와 SNS 그리고 온라인 채팅 등으로 인해 대인관계와 사회문제에 주의를 빼앗기고 있습니다. 아이들이 강한 자아의식을 형성할 수 있도록, 그리고 애써 형성한 자아를 경박하고 위험한 디지털 공간에 빼앗기지 않도록 하는 것은 바로 부모들에게 달려 있지요. 비디오와 컴퓨터 게임, 나이에 맞지 않는 언어와 내용을 소재로 하는 영화들, 실시간 문자와 아이들을 겨냥한 다량의 소모품 등, 오늘날 아이들이 마주하고 있는 오락거리의 홍수에 맞서 대항해 줄 부모들의 역할이 절실히 필요한 상황입니다.

　사이버 문화의 영향에도 불구하고 요즈음의 고슴도

치 아이들은 십여년 전의 고슴도치 아이들과 근본적으로 다르지 않습니다. 한결같은 태도, 솔직함과 명확함이 아직도 제일 중요한 자녀교육법으로 통하고 있으니 말입니다. 이제부터 아이가 가시를 세울 때 좋은 부모답게 대처하는 방법들을 몇 가지 소개해보도록 하지요.

부모가 중요하게
여기는 것들에 대해 설명하자

대부분의 경우 아이들은 이미 잘못을 저지른 후에야 도덕적 규율이 있다는 걸 됩니다. 예를 들어, 부모는 아이의 거짓말이 들통나고 나서야 거짓말은 용납할 수 없는 행동이라고 가르치게 되지요. 두 말할 필요도 없이 그 때가 되면 이미 너무 늦어버린 후입니다.

가족들이 가지고 있는 가치관에 대하여 직설적이고 정확하게 말해주도록 하세요. 특히 종교적 믿음이나 다른 사람들에 대한 관용적 태도, 정직, 신용, 너그러움과 같은 문제에 대해서는 더더욱 말입니다. 일단 한번 들었던 것이니 이후 아이에게 다시 한번 주의를 주게 되면 아이가 더 쉽게 받아들일 수 있을 것이고, 자라면서는 혼자서도 무엇이 옳고 그른지를 결정할 수 있게 될 것입니다.

가치관을 탐구하자

가족의 가치관을 아이들에게 알려주는 과정의 일부는 그에 대해 대화하는 것인데, 때에 따라서는 그 가치관을 변호해야 할 상황도 생길 수 있겠지요. 이는 고슴도치 아이의 도덕적 발달 뿐만 아니라 부모로서의 성장에도 중요한 과정입니다. 아이가 "왜요?" 라고 물었을 때 부모는 이미 답을 알고 있거나, 답을 모른다면 함께 답을 찾아내고자 하는 의지를 갖고 있어야 합니다. 쉽게 대답할 수 없는 경우도 있겠지만, 아이와 같이 앉아서 가족의 가치관에 대해 이야기 하는 것만으로도 가족과 다른 사람들의 가치관을 존중하는 더 좋은 방법을 아이에게 가르쳐주는 셈입니다.

주제에서 벗어나지 말자

가시돋친 작은 녀석들이나 버르장머리 없는 큰 녀석들이나, 고슴도치들은 모두 사람들의 주의를 다른 곳으로 돌리는 자기 방어 수법에 의존합니다. 다른 사람 탓을 하며 변명하는 건 바로 자신의 잘못에서 주의를 돌리게 하기 위함이지요. 이는 전형적인 관심 돌리기 기술입니다. 이 기술에 넘어가지 않도록 하세요. 고슴도치와 의견 차이를 좁히고 합의에 도달하는 제일 빠른 방법은 주제에서 벗어나지 않는 것임을 언제나 기억하고 있어야 합니다.

🐾 절대 다른 주제로 주의를 돌리지 마세요.

설교하지 말자

아이들에게 설명해주거나 함께 탐구할 수는 있어도, 설교는 하지 말아야 합니다. 고슴도치 아이들을 상대하는 과정은 감정을 겉으로 표현하도록 이끌어주는 과정입니다. 일방적인 대화는 아이들이 마음의 문을 더 굳게 닫도록 할 뿐이지요. 혼자서 강론하는 대신, 아이들의 참여를 이끌어낼 만한 대화를 해보세요.

약한 모습을 숨기지 말자

많은 부모들이 아이들의 존경을 얻으려면 못하는 일이 없는 슈퍼맨 같은 존재가 되어야 한다고 생각하지만, 사실은 그 반대입니다. 약한 모습을 아이들에게서 숨기지 마세요. 부모도 아이들과 마찬가지로 똑같은 규율을 따라야 하고, 실패와 갈등에 영향을 받는다는 것을 보여줌으로써 고슴도치 아이에게 이런 건 혼자만 겪어야 하는 일이 아니라는 사실을 일깨워 줄 수 있습니다. 부모가 애쓰는 모습을 보여줌으로써, 아이가 가시를 세워야 할 만큼 힘들 때가 있다는 것을 부모도 이해한다는 메세지 역시 전달해줄 수 있을 것입니다. 가시를 곤두세우고 성질 부리는 것 보다 더 원만하게 해결할 수 있는 방법이 있다는 것을 알려주는 것은 그 다음 단계겠지요.

언행일치의 모습을 보여주자

간단하지만 강한 해결책이죠.

아이가 했으면 하는 것은 부모 자신부터 실천해야 합니다.

아이가 좋아하는 것에 대해 알아가자

고슴도치 자녀와 부모 사이의 관계는 많은 나눔과 서로 간의 교감을 필요로 합니다. 앞에서도 말했듯이, 일방적인 관계는 대화보다는 비판에 가까우며, 그 관계 속의 모든 사람들을 피곤하고 짜증나게 만들 뿐입니다.

그 어떤 부모도 자신이 우선시 하는 것을 자녀도 똑같이 우선시하기를 기대해서는 안 됩니다. 마음을 조금 열고 아이가 좋아하는 것과 싫어하는 것을 이해해보려고 노력해보세요. 예를 들어, 고슴도치 아들이 즐겨든는 하드 록 음악방송이 있다면, 둘이 차에 탔을 때 그 채널을 틀게 내버려 두세요. 굳이 억지 미소를 지으며 참으려 하지 말고 마음껏 그 음악에 대해 평해도 좋습니다. 그 음악에 맘에 드는 점이 있다면, 아이에게 알려주세요. 자신이 좋아하는 것과 싫어하는 것을 공격적이지 않고 차분한 태도로 표현함으로써 아이에게 올바른 소통 방법을 가르쳐 줄 수 있을 뿐 아니라 함께 흥미로운 대화를 나눌 기회가 될지도 모릅니다.

고슴도치의 영역을 방문해보자

야생에서의 고슴도치는 자신의 영역이 침범당했을 때 자기 보호 태세로 들어갑니다. 자녀들도 마찬가지라고 할 수 있겠지요. 고슴도치 아이의 방이 부모에게 "출입금지" 구역이라면 방에 들어가는 행위는 영역침범으로 여겨질 수 밖에 없습니다.

아이가 사생활을 필요로 하는 것을 존중해주고 아이가 허락할 때에만 방에 들어가도록 하세요. 아이가 괜찮다고 하면, 숙제를 하는 동안 방에서 같이 시간을 보내세요. 자신의 영역에서 부모와 함께 있는 동안 아이는 부모가 적이 아니라 자신의 편임을 알게 될 것입니다.

전원을 끄자

　문자메세지를 자주하는 부모가 아이에게만 메세지 금지령을 내려봤자 효과가 있을리 없습니다. 가족 계획표에 몇 시간 혹은 며칠 전자기기를 쓰지 않는 시간을 포함시켜 보는 건 어떨지? 밥먹을 때나 주일 밤 8시 이후, 혹은 토요일이나 일요일 등 정해진 시간에 문자하지 않는 것을 규칙으로 삼아 시작해볼 수 있겠지요. 인터넷 가상 공간에서 지내는 시간을 줄일 수록 현실 세계에서 보낼 수 있는 시간은 늘어나고 서로를 알아갈 기회도 더 많아지는 셈입니다.

　● 어려운 상황에서 도피하기 위해 기술에 의존하고 싶은 욕구를 버리세요.

공짜로 즐길 수 있는 것들!

텔레비전, 비디오 게임, 스마트 폰, 컴퓨터, 그리고 다른 오락거리들은 고슴도치 아이와 단둘이 시간을 보내는 데에 큰 방해물이 됩니다.

가끔은 텔레비전과 컴퓨터, 닌텐도, 게임기를 끄고 카드나 제일 좋아하는 보드게임을 꺼내보는 것도 좋습니다. 만약 아이들이 게임방법을 모른다면 포커, 원카드나 도둑잡기 같은, 당신이 알고 있는 게임들을 가르쳐 주면 됩니다. 함께 즐거운 시간을 보낼 수 있을 뿐아니라, TV화면만 처다보고 있었다면 절대 몰랐을 아이들의 숨겨진 면들을 발견하게 될 것입니다. 게다가 내 가족 고유의 오락을 새로 발견하는 재미도 있지요. 이 것이야말로 제일 값진 기억으로 남을, 홈메이드 실시간 오락 아니겠습니까.

"사랑이란 다른 사람의 행복없이는 내 행복도 없는
때를 말한다."

−로버트 하인라인

말하는 만큼 들어주자

다른 이의 말을 듣는 것보다 자기가 말을 더 많이 하는 식의 소통은 대화라기보다 독백에 더 가까울 것입니다. 자기 목소리만 듣고 싶은 유혹이 일더라도 자제하세요! 그 대신, 질문을 던져 고슴도치가 대화에 참여하도록 이끌어주어야 합니다. 고슴도치가 말할 때는 자신의 상황에 대해 불평하는 게 아니라 설명을 하도록 하세요. 그리고 고슴도치가 필요로 하는 만큼 오랫동안 들어주세요.

고슴도치 부모

부모와 자녀 사이의 관계처럼 복잡미묘한 관계가 또 있을까요! 독립된 인격체로서의 부모와 자녀는 서로 반대되는 의견을 가질 때도 있지만, 가족 구성원으로서는 언제나 서로 의지하고 싶어합니다. 이러한 역학관계 속에서는 많은 마찰이 일어날 수 밖에 없습니다.

성인이 되어 독립하고 싶으면서도 부모와의 관계를 계속 유지하고 싶을 때 상황은 더욱 어려워지지요. 부모를 사랑하지만, 그들의 잘못과 단점들이 계속 눈에 보이기 때문입니다. 부모를 사랑하지만, 그들이 인생에서 경험한 것과 내가 경험한 것 사이에는 너무나도 큰 차이가 있지요.

하지만 성인이 되면 부모와 멀어지게 된다는 오래된 관습에도 불구하고, 부모와의 뜻 깊은 관계를 다지고 싶은 우리 마음에는 변함이 없습니다. 부모가 고슴도치형 성격을 가지고 있다면 특히 더 어려운 일이겠지만요. 부모가 퉁명스러운 데다 다른 사람들을 함부로 평가하며 비판해대는 막무가내 고슴도치들라면, 그들에게 고마움을 갖는 건 고사하고 같이 무탈하게 지낼 수나 있을까요? 허무맹랑한 꿈처럼 느껴질 수 도 있겠지요. 하지만 다행스럽게도 해결책이 있습니다. 먼저 심호흡을 깊게 하고 계속 읽으세요.

"그건 그때고 지금은 지금이야" 라는 말을 이해하자

대부분의 사람들이 자의식과 자기주체적인 사고를 확립하는 시기는 유년기입니다. 그 시기를 지나는 동안 자의식이 성장하면서 부모의 감정, 기대, 그리고 가치관과 충돌하는 경우가 많지요. 부모와의 갈등은 고통스럽지만, 스스로 자립할 수 있게 되기 위해 빠질 수 없는 과정입니다.

하지만 부모와 소리지르며 싸우던 일, 방 문을 쾅 닫던 기억, 혹은 어른이 된 후에도 여전히 상처로 남은 가슴 아픈 말들 등, 그 당시 겪었던 갈등의 세부적인 내용을 잊고 용서하지 못하는 사람들도 있습니다.

고슴도치 부모와 마주할 때는 지금은 그때와 다르다는 사실을 명심해야 합니다. 비록 현재 안에 아직 과거의 메아리들이 맴돌고 있을지 몰라도, "지금"이라는 이 순간은 새로운 출발이 될 수 있지요. 다시 말하자면, 과거를 이해하기 위해 노력할 수는 있어도 과거에 얽매일 필요는 없다는 것입니다.

🐾 현재와 미래의 방향은 바로 나 자신에게 달려있습니다.

부모를 낯선 사람 보듯이 해보자

이런 실험을 해보는 것도 좋은 방법이 될 수 있습니다. 대서양을 건너는 비행기 안에서 어떤 낯선 노인이 옆좌석에 앉아 있다고 상상해봅시다 (실제에서는 나의 부모겠지요). 어떻게 대화를 시작할까요? 그 사람에 대해 무엇을 알게 되고 어떤 관계를 형성해 나갈 수 있을까요? 그 대화를 최대한 생생하게 머릿 속에 그려보세요. 서로에 대해 새로운 사실을 하나 둘 발견해 나갈수록 대화는 자연스럽게 흘러가게 되겠지요. 어쩌면 여행이 끝난 후에 다시 만나기로 시간을 잡을지도 모릅니다.

서로 열심히 참여하고 만족해할 수 있는 대화가 비행기 안이 아니라 저녁 식사 자리라고 해서 불가능할 이유는 없습니다. 나와 나의 부모가 서로에 대해 모르는 것은 너무 많습니다. 함께 생각을 나눌 수록 서로 공통된 점이 많다는 것을 점점 깨닫게 될 것입니다.

고슴도치 부모의 입장에서 생각해보자

내가 아무리 노력해도 고슴도치 부모는 여전히 고집
불통인 것처럼 느껴질 때가 있겠지요. 요리부터 자녀교
육, 옷입는 것까지, 내가 뭘 하든지 매번 트집을 잡는다
면 짜증이 안 날래야 안 날 수가 없습니다.

그럴때면 내가 부모에게 완전히 의존했던 때가 있었
다는 사실을 다시 한번 상기해보세요. 이제 더 이상 의
존할 필요가 없어졌지만, 부모는 나의 자녀교육법, 집
안 살림, 그리고 삶의 방식을 그들의 것들과 자꾸 비교
합니다. 이는 부모가 악의를 품고 있어서가 아니라, 단
지 예전의 습관대로 부모 역할을 계속하는 것일 뿐이지
요. 부모가 거치고 있는 이 과도기 과정을 이해해주세
요. 변화하는 데에는 시간이 걸립니다. 왜 시간이 걸리
는지를 부모의 입장에서 이해하려고 노력하세요.

🐾 침착하고 이해심있는 태도가 상황을 완화시킬 것입니다.

부모에게 환상을 하나쯤은 남겨두자

누구에게나, 특히 고슴도치에게는, 다른 사람에게 보이고 싶고 기억되고 싶은 자신의 모습이 있습니다. **놀라운 춤꾼. 프로 낚시꾼. 흥겨운 파티광. 경력있는 제빵사.**

고슴도치 부모가 후대에 남기고 싶은 자신의 모습이 무엇인지 이야기하고 당신과 손주들과 함께 생각해 볼 수 있도록 해주세요. 부모가 생각하는 자기자신의 모습은 자식인 내가 좋아하는 그의 모습과는 다를지도 모릅니다. 하지만 그 모습이 부모 스스로가 생각하는 모습이고 그대로 기억되고 싶어한다면 이를 존중해주어야 할 것입니다. 어쩌면 내가 미처 몰랐던 부모의 삶의 단편을 엿볼 수 있을지도 모르는 일이니까요.

부모와 함께 할 수 있는 활동을 찾아보자

　　부모가 가시돋친 고슴도치처럼 행동한다면 그건 단순히 지루함 때문일 수도 있습니다. 내 일상생활에 부모도 같이 어울릴 수 있도록 해보세요. 영화관에 같이 가거나, 시내에 같이 장을 보러 가는 것도 좋겠죠. 아니면 간단한 점심식사에 또는 친구나 이웃집 사람들과 바베큐 파티를 할 때 부모님을 초대하세요. 부모가 자녀와의 데이트 계획을 직접 짜보시도록 하는 것도 좋은 방법입니다. 내가 짠 계획이 부모님께 너무 무리가 된다면, 좀 속도를 낮추거나 다른 활동을 할 수 있도록 배려해드리면 됩니다. 하루일과를 다 마친 후 다시 모였을 때 그날 무엇을 했는지 서로 이야기 해보세요.

배려하는 마음이 주는 평화

타인을 수용하는 자세는 제일 효과적인 방어술입니다. 의심하는 사람은 배려하는 사람을 이길 수 없습니다. 관심을 기울이는 태도는 상대방의 두려움을 낮게 하는 약이 됩니다.

🔵 현재에 충실하고 부모와 함께 시간을 보냄으로써, 고슴도치 부모에게 사랑을 전달할 수 있습니다.

사방에 널린 고슴도치들

하루에 몇 번이나 불쾌한 하루, 피곤한 한 주를 보내고 있는 사람들을 마주치나요? 기분 나쁜 전화상담원, 거만한 호텔 데스크 직원, 또는 불만에 가득 차 있는 식당 아르바이트생 등, 그런 사람들을 주변에서 어렵지 않게 볼 수 있지요.

일상에서 마주치는 고슴도치들을 대하는 제일 효과적인 태도는 무엇일까요? 솔직히 그 사람들을 잘 알지도 못하는 입장으로서는, 그들의 기분에 맞춰 타협하기 위해 얼마나 많은 시간과 에너지를 소비해야 할지 가늠조차 할 수 없는 게 사실입니다. 그러나 지금 스쳐 지나가면 그만인 사람들이라고 해서 그들과 만났을 때 최선을 다하지 않아도 된다는 건 아닙니다.

예기치 못한 고슴도치들과의 만남을 최선의 상황으로 바꿀 수 있는 몇 가지 대처 방법들을 소개합니다.

친절하게 말해보자

사람들과 진지한 대화를 나누며 어려움을 극복하도록 도와줄 시간이 좀처럼 나지 않는 날들이 있기 마련이지요 (그리고 만약 시간이 있어서 도와준다고 해도 끝까지 가시를 곤두세울 고슴도치들도 있을 겁니다).

● 그럴 때는 상황을 복잡하게 만들기보다 간단하게 친절한 말을 한 마디 건네주세요. 그 한 마디가 고슴도치의 부정적인 관점에 변화를 주기에 충분할 수 있습니다.

스스로를 질책하지 말자

이상한 고슴도치를 만나 상황이 급격히 어색해진다 해도 내 잘못이 아니라는 것을 기억하세요! 어색함은 고슴도치로부터 풍겨나오는 겁니다. 당신이 잘못한 건 아무것도 없어요.

언제 떠나야 할지를 알자

이해심있게 행동한다고 해서 유순하기만 한 순둥이가 되어야 하는 건 아닙니다. 고슴도치가 마음 속 짐을 덜고 싶어하는 눈치라면, 그가 긍정적인 방법으로 고민들을 털어놓을 수 있게 도와주세요. 그러나 그 과정에서 그가 나를 불쾌하게 만든다면 나는 그 자리를 피해버릴 권리가 충분히 있습니다.

담당자를 부르자

담당자를 만나 이야기를 하는 것은 최후의 수단으로 어쩔 수 없이 선택하는 부끄러운 행동처럼 보일지도 모릅니다. 그러나 이 행동이 고슴도치에게는 오히려 기회로 작용할 수 있습니다. 고슴도치의 상사나 담당자 역시 오랫동안 마음에 두고 있던 고슴도치의 문제점을 지적할 필요를 느끼고 있을 것이기 때문입니다. 담당자의 개입이 필요하다고 판단되면, 침착하고 예의바르게 담당자를 불러달라고 요청하세요. 당신이 올바른 태도를 보여준다면 그 상황에 관련된 모든 사람들이 서로를 이해할 수 있도록 하는 계기를 만들어 상황을 좋은 쪽으로 바꿀 수 있습니다.

PART
04

내 안의 고슴도치

"사람을 비롯한 모든 것을 언제나, 모든 상황에서 제일 긍정
적으로 평가하는 습관을 가져야 한다."

−성(聖) 빈센시오 아 바울

누구나 마음 속에 자신이 시험당하거나 비판받을 때마다 튀어나오는 고슴도치를 한 마리씩 가지고 있습니다. 특히 안 그래도 마음에 들지 않던 자신의 습관이나 행동을 인정해야 할 때면 말이죠.

모두들 자기 자신이 조금 바뀌었으면 하는 점이 있을 겁니다. 어떤 사람은 일할 때 좀 더 효율적이 되었으면 하고, 누군가는 운동을 했으면 하고, 또 다른 누군가는 거실을 좀 더 깨끗하게 할 수 있었으면 하고 스스로에게 바라겠지요. 이런 점들이 바로 자신의 약점이며, 다른 사람이 그 부분을 언급할 때마다 내면의 고슴도치가 튀어나오게 됩니다.[5] 고슴도치는 상대의 생각을 고려하거나 자신의 에너지를 아끼는 대신, 가시를 곤두세

---

5 번역자 주. 내안의 고슴도치가 튀어나오는 것은 정서중심치료의 창시자 그린버그가 말하는 정서도식과 관계가 있다. 내안의 고슴도치가 튀어오르는 것은 감정반사(emotional reaction)이다. 이책의 저자는 이것을 반응(반사, reaction)이라고 한다. 감정반사가 행동으로 일어나는 것은 관련된 큐들에 의해 자극이 되는 그 사람 내부의 내부적 정서적 기억의 구조이다. 이 정서적 구조는 감정적인, 동기화된, 인지적인, 감각적인, 신경화학적인, 그리고 행위적인 요소들로 구성되어 있다 (그린버그, 정서중심치료, 김현진 역, 2015, 70-75).

우고 불같은 성미로 자신의 일 생산성과 체력, 거실의 깨끗함 등을 변호하려 애를 씁니다. 고슴도치가 다시 조용해질 때쯤이면 이미 싸움이 벌어지고, 쓸데없는 데에 에너지를 낭비하고, 스스로를 바꿀 기회에서 더욱 멀어진 뒤이죠.

🐾 인생에서 만나는 다른 고슴도치들과 성공적으로 소통하려면 내가 제일 잘 아는 고슴도치와 먼저 소통을 시작하는 것이 중요하다는 것을 기억하세요. 그 고슴도치는 바로 나 자신입니다.

지나치다 싶을 정도로
자신에게 솔직해지자

나 자신도 못 하면서 사랑하는 사람들에게 자기 행동에 대해 솔직해지고 책임감 있게 행동하라고 외치기만 할 수는 없는 노릇이지요. 먼저 내 잘못들과 허점들을 점검하는 것이 바로 변화를 위한 첫 걸음입니다.

자신이 방어태세에
있다는 것을 눈치채자

사람들은 자신의 불안감과 방어적인 태도를 각기 다른 여러가지 방법으로 나타냅니다. 어떤 사람들은 투덜대는 것으로, 또 어떤 사람들은 걸핏하면 화내고 짜증내는 것으로 불안감을 표시하지요. 많이 먹거나 적게 먹는 방식으로 마음 상태를 나타내는 사람들도 있습니다. 어떤 이들은 아예 주변을 무시하는 걸 택하지요.

🔘 내가 방어태세에 돌입했다는 것을 알려줄 만한 신호를 스스로 의식하고 있다면, 쓸데없이 계속 에너지 낭비를 하는 대신 진짜 문제의 핵심에 접근할 수 있습니다.

자신의 단점들을 인정하자

　내가 필사적으로 변호하고자 하는 것은 무엇이고 왜 그래야만 하는가? 이 질문은 내가 대답할 준비가 되어 있던 안 되어 있던, 해결책을 찾고 싶다면 스스로에게 한 번쯤은 던져야만 하는 중요한 질문입니다. 도움이 필요하다면, 사랑하는 사람이나 친구 또는 심리상담가에게 물어보는 것도 좋습니다.

절차를 무시하지 말자

자기 자신을 마주하는 건 스스로 부딪쳐야 할 도전들 중 제일 힘들지만 제일 중요한 도전이 될 것입니다. 이 과정에서는 자신에게 친절하게 대하되, 개선해야 할 점들을 회피하지 말고 해야 할 일에 최선을 다해야 합니다. 나의 단점들을 인정하고 그 단점들을 어떻게 극복할 것인지 계획을 세우세요. 그리고 핑계를 대며 다 없던 일로 하고 싶은 유혹이 일더라도 그 계획을 충실히 따르도록 하세요!

마지막 조언…

이제 이 작은 책의 마지막 페이지에 다다랐습니다. 이 책에서 다룬 조언들이 당신이 인생 속에서 고슴도치들을 만나기 위한 마음의 준비를 하는 데에 조금이라도 도움이 되었으면 하는 바람입니다. 무엇보다도, 이 책이 (비록 고슴도치형 성격을 가진 사람일지라도) 사람이라면 누구나 사랑이 필요하고 사랑받을 자격이 있다는 것을 보여주었으면 좋겠습니다. 이 조언들을 생활에서 활용하고, 고슴도치를 안아주는 걸 두려워하지 마세요!

고슴도치들을 위한 참고 문헌들

Ellis, Albert. *How To Stubbornly Refuse To Make Yourself Miserable About Anything*—Yes Anything! (New York: Kensington Publishing Corp., 2006).

Ellis, Albert. *The Myth of Self Esteem.* (Amherst, New York: Prometheus Books, 2005).

Lama, Dalai, H.C. Cutler. *The Art of Happiness.* (New York: Riverhead Books, 1998).

Leunig, Michael. *When I Talk to You: A Cartoonist Talks to God.* (Andrews McMeel Publishing, 2006).

데비 조프 엘리스 박사에 대하여

데비 조프 엘리스 박사는 호주의 면허받은 심리상담가이며 뉴욕의 정신건강 상담가이다. 그녀는 호주와 미국 심리 협회와 학회의 회원으로 활동하는 등 여러 주요 상담심리 단체들과 연계 활동을 펼치고 있다. 지난 몇 년간 그녀는 남편 알버트 엘리스 박사가 지난 2007년 세상을 떠날 때까지 그와 공식석상에서 발표하거나 합리적 정서 훈련(REBT) 분야에서 전문 트레이닝을 실시하고 논문과 연구 프로젝트에서 협동하는 등 공동 작업들을 해왔다. 현재까지도 그녀는 남편의 REBT에 대한 획기적인 심리요법적 접근을 실제에 적용하고 논문을 펴내는 일을 계속하고 있다. 또한 그녀는 알버트 엘리스 박사와 이 책에 앞서 몇 권의 책을 공동집필 한 바 있다. 데비 조프 엘리스 박사는 현재 뉴욕에 개인 연구소를 가지고 있고, 미국 전역과 세계 곳곳에서 강론, 워크숍, 세미나 등을 진행하고 있다.

국립중앙도서관 출판예정도서목록(CIP)

고슴도치 끌어안기 : 까칠한 사람과 살아가는 101가지 방법
/ 지은이: 숀 스미스 ; 옮긴이: 김현진, 송원경.
— 구리 : 지혜와 사랑, 2016
　　p. ;　cm

원표제: How to hug a porcupine : easy ways to love the
　　　difficult people in your life
원저자명: Sean K. Smith
영어 원작을 한국어로 번역
ISBN 979-11-957392-2-6 03180 : ₩10000

인간 관계[人間關係]

189.2-KDC6
158.2-DDC23
　　　　　　　　　　　　　　　CIP2016023513